Mein buntes Spiel- und Wörterbuch

Mein Körper von Kopf bis Fuß

Bechtermünz Verlag

Deutsche Erstausgabe
Weltbild Verlag GmbH, Augsburg 1998
Copyright © Two-Can Publishing Ltd, 1998
Copyright © der deutschen Ausgabe by Weltbild Verlag, Augsburg 1998
Koordination und Redaktion der deutschen Ausgabe: AMS Autoren- und Medienservice, Reute
Übersetzung aus dem Englischen: AMS/Nixe Duell-Pfaff
Umschlaggestaltung: KA-BA factory, Augsburg
Satz: Ams/Layoutsatz Kendlinger
Gesamtherstellung: Graficromo S.A., Cordoba
Printed in Spain
ISBN 3-8289-5924-5

Textautoren: Angela Wilkes; Geschichte S. 26—30: Sue Barraclough
Fachberatung: Dr. Iram Siraj-Blatchford, Institute of Education, London;
Anita de Brouwer, Eureka! The Museum for Children, Halifax ·
Design: Alex Frampton
Illustrationen: Rhian Nest James und Jon Stuart

Die englische Originalausgabe erschien 1998 unter dem Titel „Me and My Body" bei Two-Can Publishing Ltd, 346 Old Street, London EC1V 9NQ, Großbritannien

Bildnachweis: S. 4: Julian Cotton Photo Library; S. 6: The Stock Market; S. 7: The Stock Market;
S. 8: The Photographers Library; S. 9: Julian Cotton Photo Library; S. 10: Tony Stone Images;
S. 11: Tony Stone Images; S. 14: The Stock Market; S. 16: Lupe Cunha; S. 17: The Stock Market;
S. 19: Images Colour Library; S. 20: Britstock-IFA; S. 21: Tony Stone Images; S. 22: Telegraph Colour Library;
S. 23: Julian Cotton Photo Library.

Was steht drin?

In diesem Buch erfährst du Interessantes über deinen Körper, dessen Organe dafür sorgen, dass du sprechen und dich bewegen, essen und trinken, spielen und schlafen kannst!

 4 Körper

 6 Knochen

 **8** Laufen und springen

 10 Im Körperinnern

 12 Spielen im Park

 14 Das Gesicht

 16 Sehen und hören

 18 Berühren und fühlen

 20 Schmecken und riechen

 22 Gesund bleiben

 24 Spaß am Strand

 26 Eine Geschichte

 31 Rätsel

 32 Register

Körper

Dein Körper ist ein Wunderwerk. Er besteht aus vielen Organen und ist von elastischer Haut umhüllt. Jungen und Mädchen sehen unterschiedlich aus. Ihre Körper funktionieren aber gleich. Kennst du die wichtigsten Körperteile?

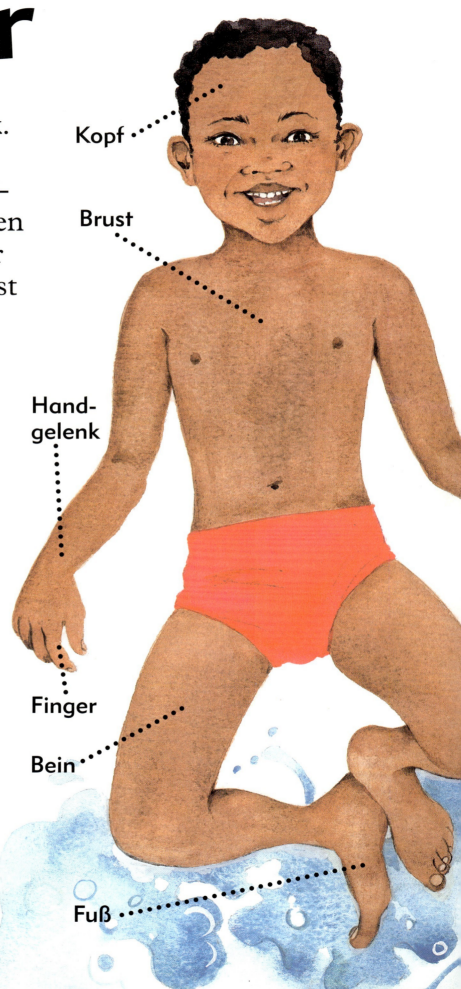

Kopf
Brust
Handgelenk
Finger
Bein
Fuß

Ein Baby hält sich an der Mutter fest, während es laufen lernt. Bald wird es allein gehen können.

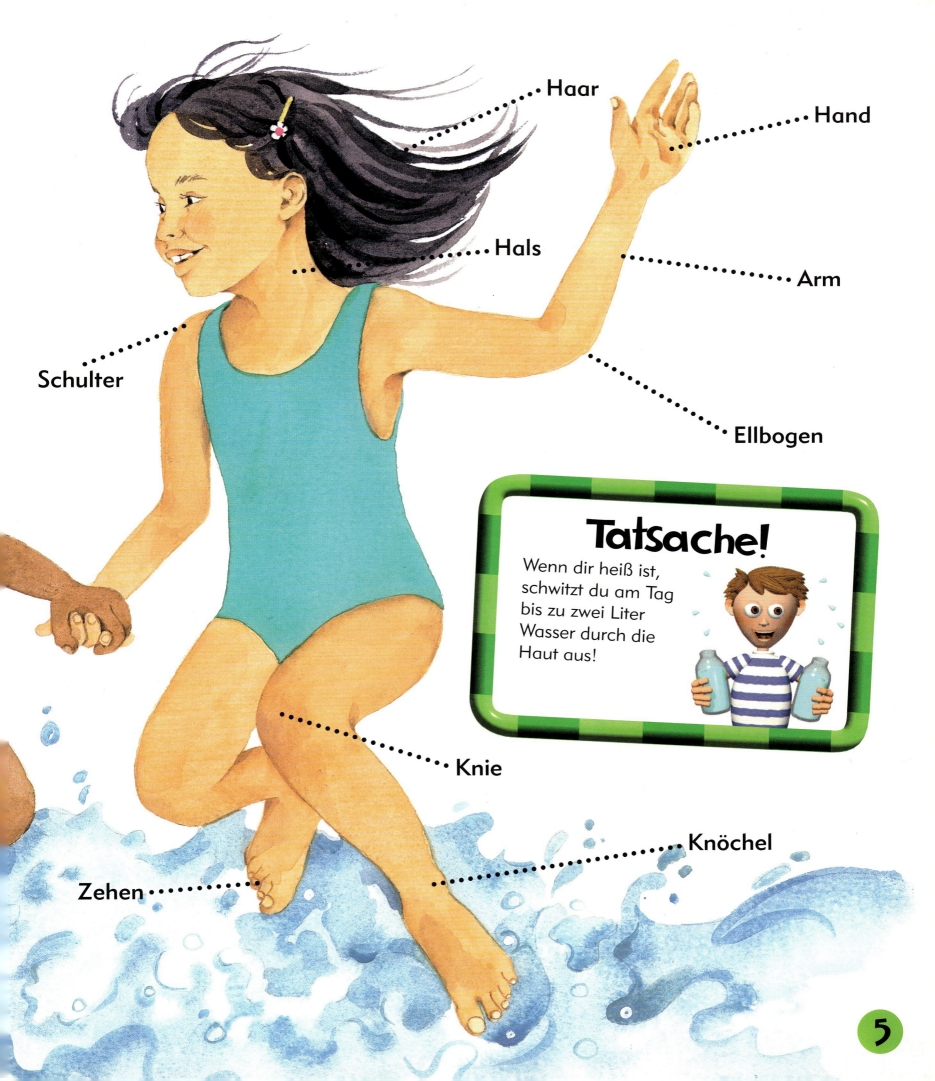

Knochen

In deinem Körper gibt es Hunderte von harten Knochen. Sie haben unterschiedliche Formen und Größen. Zusammen bilden sie ein starkes Gerüst – das Skelett. Klopf auf dein Knie. Fühlst du die starken Knochen unter der Haut?

Ein harter **Schädel** schützt das weiche Innere des Kopfes.

Zwei Reihen gebogener **Rippen** bilden den Brustkorb.

Die **Wirbelsäule** besteht aus einer Kette vieler kleinerer Knochen.

Diese schnellen Skater schützen ihre Knochen durch Helme sowie Hand- und Knieschoner vor Verletzungen.

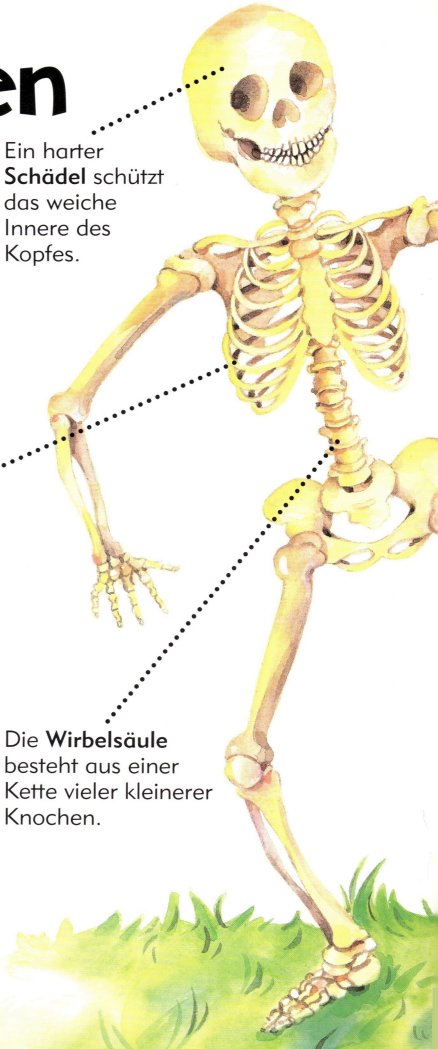

Am **Ellbogen** stoßen drei lange, gerade Knochen zusammen.

Das **Knie** läßt sich beugen, weil dort die Beinknochen aufeinandertreffen.

Der **Oberschenkelknochen** ist der längste und der stärkste Knochen.

Gebrochene Knochen heilen leicht. Der Arzt legt einen Gipsverband an, damit sie richtig zusammenwachsen.

Tatsache!

Viele Tiere besitzen ein Skelett. Dies gilt für Hunde und Katzen genauso wie für winzige Fische!

Laufen + Springen

Starke Muskeln helfen, den Körper zu beugen und zu strecken. Auch wenn du den Kopf schüttelst, einen Zeh bewegst oder hüpfst, benutzt du deine Muskeln. Das große Bild zeigt Kinder beim Bockspringen. Dabei sind viele Muskeln im Einsatz!

Tatsache!
Übung stärkt die Muskeln. Manche Männer können sogar ein Auto anheben.

Beuge den Rücken und roll dich zusammen.

Zieh die Knie so weit wie möglich an den Kopf.

Tanzen macht Spaß und trainiert den Körper. Alle versuchen, Arme und Beine gleich zu bewegen.

Nimm Anlauf und spring! Benutze dabei die Armmuskeln, um dich **abzustoßen**.

Ein geübter Körper kann Erstaunliches leisten. Dieses Mädchen spreizt beim Springen die Beine.

Strecke beim Springen die Beine aus, um auf ihnen zu landen.

Verbirg den Kopf unter den Armen, um ihn zu schützen.

Im Körperinnern

Dein Körper ist voller weicher Organe, die äußerst wichtige Aufgaben erfüllen. Sie helfen dir beim Atmen, beim Essen und sogar beim Denken. Dein Körper enthält auch eine Menge Blut. Es versorgt dich von Kopf bis Fuß mit Nahrung!

Der Kopf enthält das **Gehirn**, mit dem du denkst und lernst.

Wenn du unter Wasser ausatmest, steigen aus Nase und Mund große, schimmernde Luftblasen auf.

Beim Einatmen füllt sich die schwammige **Lunge** mit Luft.

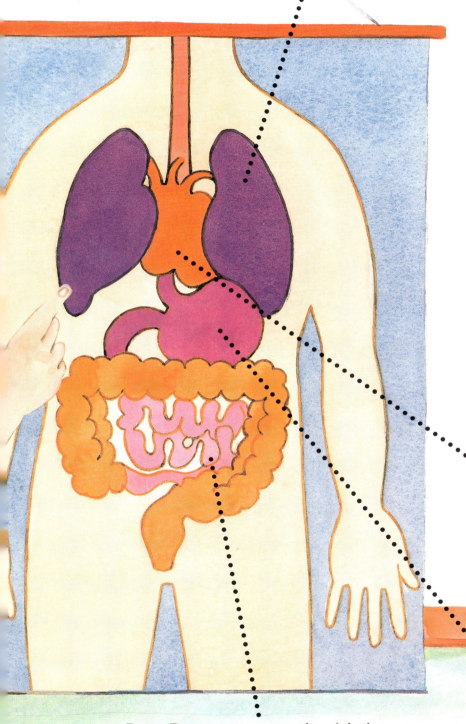

Mit diesem Instrument hört der Arzt dein Herz schlagen. Es klingt wie eine Pauke. Bump! Bump!

Das **Herz** pumpt Tag und Nacht Blut durch deinen Körper.

Der **Magen** verwandelt das Essen in einen dünnen Brei.

Der **Darm** saugt die Nährstoffe aus dem Nahrungsbrei. Was übrig bleibt, wird ausgeschieden.

Was tragen die Skater auf dem Kopf?

Spielen im Park

Der Park ist voller Kinder. Beim Spielen beugen und strecken sie ihren Körper auf vielerlei Art und Weise!

Kannst du zwei Mädchen finden, die seilhüpfen?

12

Warum hält der Vater das Baby an den Händen?

Wie hilft das Mädchen seiner Freundin beim Schaukeln?

Welche Körperteile beugt ein anderes Mädchen, um den Stock aufzuheben?

Was du weißt

Hier sind Wörter, die du schon kennst. Sage sie laut und versuche die Dinge auf dem Bild zu finden.

Knie	**Ellbogen**	**Bein**
Schulter	**Brust**	**Arm**

Was werfen und fangen die beiden Jungen?

 Das Gesicht

Alle Gesichter sind verschieden! Dein Gesicht ist der Teil deines Körpers, der anderen Menschen zeigt, was du fühlst. Wenn du glücklich bist, lächelst du – wenn du sehr traurig bist, weinst du.

Mit deinen **Augen** betrachtest du deine Umgebung.

Dichte, gebogene **Augenwimpern** schützen die Augen vor Schmutz.

Wenn du glücklich bist, lächelt dein **Mund**!

Diese Brüder sind Zwillinge. Sie wurden am gleichen Tag geboren und sehen auch fast gleich aus.

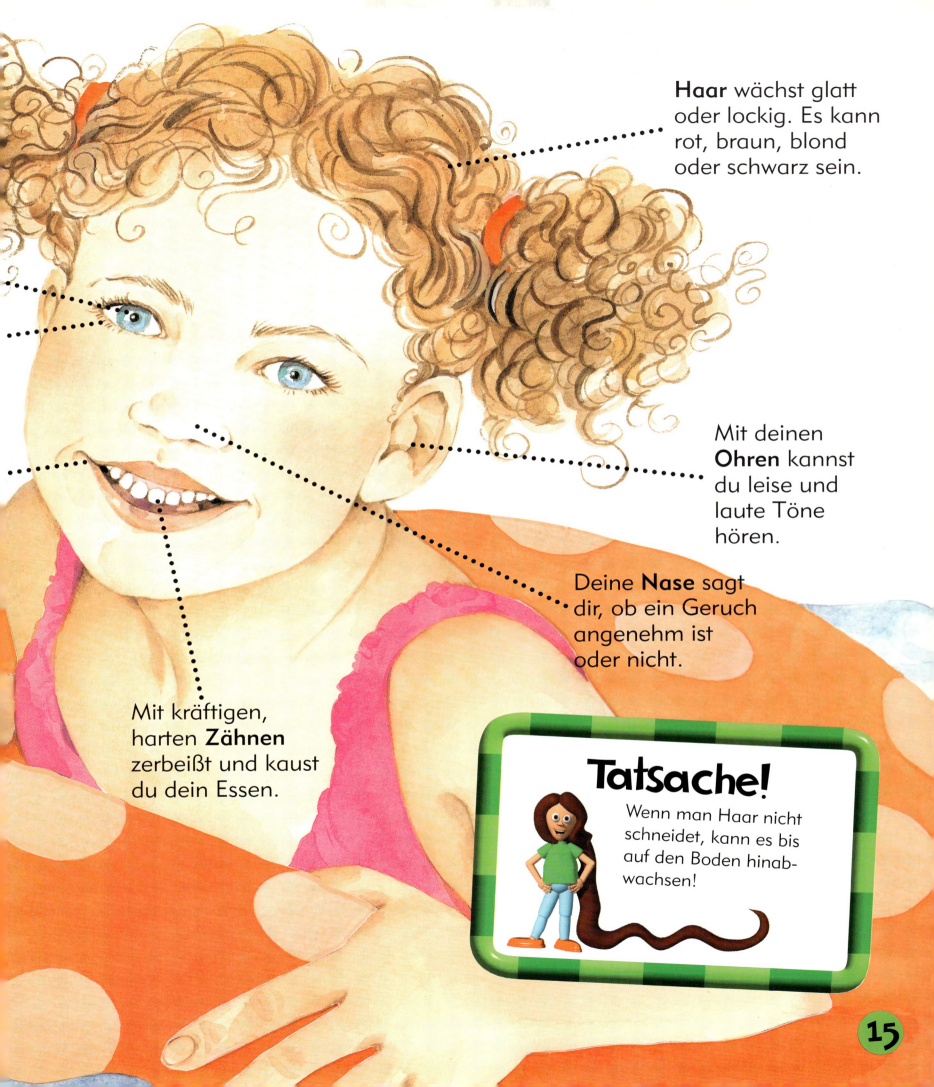

Haar wächst glatt oder lockig. Es kann rot, braun, blond oder schwarz sein.

Mit deinen **Ohren** kannst du leise und laute Töne hören.

Deine **Nase** sagt dir, ob ein Geruch angenehm ist oder nicht.

Mit kräftigen, harten **Zähnen** zerbeißt und kaust du dein Essen.

Tatsache!

Wenn man Haar nicht schneidet, kann es bis auf den Boden hinabwachsen!

Sehen + hören

Den ganzen Tag über betrachtest du Gegenstände, die dich umgeben, und hörst vielerlei Geräusche. Das tust du ganz von selbst, ohne darüber nachzudenken! Die drei Kinder auf dem großen Bild machen Musik und singen dazu.

Dieses Mädchen trägt eine **Brille**, um besser zu sehen.

Diese Kinder verständigen sich durch Handzeichen, weil sie Worte nicht hören können.

Auch du kannst lernen, auf einer **Blockflöte** zu spielen.

Durch ein Vergrößerungsglas wirkt alles viel größer – auch der Flügel eines kleinen Schmetterlings.

Es ist leicht zu **singen**, wenn man das Lied kennt.

Versuche beim Singen zur Musik zu **klatschen**.

 Berühren + fühlen

Ist eine Feder weich oder hart, glatt oder rauh? Wie sich etwas anfühlt, spürst du, wenn du es berührst. Deine Fingerspitzen sind hierfür am besten geeignet. Auf dem großen Bild siehst du viele Dinge, die man am Strand findet. Kannst du dir vorstellen, wie sie sich anfühlen?

Am Sandstrand **kitzeln** winzige Körner zwischen den Zehen.

Harter Stein fühlt sich auf bloßer Haut **rau** an.

Tatsache!
Wenn du frierst, wird deine Nase blau und du zitterst, bis die Zähne klappern!

Nasser Tang ist **glitschig** und gleitet durch die Finger.

Dieser Junge liebt seinen Hund. Er umarmt ihn und drückt sein Gesicht in das dichte, weiche Fell.

Bei Hitze ist Meerwasser angenehm **kühl** an der Hand.

Sei vorsichtig! Seeigel besitzen lange, **spitze** Stacheln!

Schmecken + riechen

Beim Essen sagt dir deine Zunge, ob etwas gut oder schlecht schmeckt. Deine Nase hilft ihr dabei, indem sie die Gerüche, die in der Luft schweben, auffängt. Der Duft von Popcorn oder heißer Pizza kann sehr hungrig machen.

Damit sie **süß** schmecken, enthalten Kuchen und Kekse viel Zucker.

Speiseeis prickelt auf der Zunge. Es ist sehr kalt im Mund, schmeckt aber prima!

Zitronen schmecken so **sauer**, dass du das Gesicht verziehst, wenn du hineinbeißt.

Salzgebäck und Erdnüsse schmecken **salzig**. Sie machen durstig.

Heiße Pizza **duftet** so gut, dass du es kaum erwarten kannst, hineinzubeißen.

Den Duft einer Blüte kann man am besten genießen, wenn man sie direkt vor die Nase hält.

Gesund bleiben

Dein Körper ist eine wunderbare „Maschine" – denk nur, was er alles kann! Du musst aber aufpassen, dass du gesund bleibst. Dafür brauchst du viel Bewegung, Wasser, frische Nahrung und Schlaf. Vergiss auch nicht, dich zu waschen!

Putze die Zähne mit **Zahnpasta**, damit sie weiß und gesund bleiben.

Die Haut wird mit **Seife** gereinigt. Wasche dich auch hinter den Ohren!

Frisches Obst ist gesund. Es schmeckt köstlich und hilft dem Körper zu wachsen.

Ein **Pflaster** sorgt dafür, dass eine Wunde sauber bleibt.

Shampoo schäumt und löst den Schmutz aus deinem Haar!

Ein weicher, dicker **Schlafanzug** hält dich im Bett schön warm.

Spielen macht müde. Ein kurzes Schläfchen gibt deinem Körper wieder neue Kraft.

Findest du den Mann, der im Schatten schläft?

Spaß am Strand

An einem heißen Tag gehen viele Leute an den Strand, um im warmen Sand zu sitzen oder im Meer zu planschen.

Wie viele Leute planschen im Wasser?

Haben die Kinder fröhliche oder traurige Gesichter?

Sind Handtücher weich oder stachelig?

Was du weißt

Hier sind Wörter, die du schon kennst. Sage sie laut und versuche die Dinge auf dem Bild zu finden.

Mund **Augen** **Nase**
Zähne **Haar** **Ohren**

Welcher Junge hört Musik aus dem Radio?

Welches leckere, kalte Nahrungsmittel prickelt auf der Zunge?

Überraschung für Sam

Eines Tages erzählte Sams Mama, dass sie ein Baby bekommen würde. Sam war schrecklich aufgeregt, aber er hasste es zu warten!

Wenn Sams Papa eine Backschüssel herausnahm, um einen Kuchen zu backen, fragte Sam gleich: „Ist er schon fertig?"

Oder wenn Sam mit der Großmama einen Ausflug machte, fragte er schon beim Weggehen: „Sind wir bald da?"

Immer, wenn er hörte, dass er noch warten müsse, wurde er puterrot und schrie: „Ich kann aber nicht warten!"

Alle lächelten, wenn Sams Gesicht rot wurde, und sagten: „Sam, du musst warten. Es gibt Dinge, die sich nicht beschleunigen lassen!"

Sam fand das Warten schrecklich. Wenn er den Bauch seiner Mama vorsichtig berührte, fühlte er das Baby schon darin strampeln!

Jeden Tag fragte er: „Kommt das Baby heute zur Welt?", aber seine Mama lächelte nur und sagte: „Denk daran Sam, manchmal musst du einfach warten."

Eines Morgens sah Sam, wie sein Papa eine Tasche packte, während die Mama an der Haustür saß.

„Wir müssen ins Krankenhaus", sagte der Papa, „heute wird das Baby zur Welt kommen."

Als Sam dies hörte, stürmte er die Treppe hinunter zu seiner Mama, hüpfte vor ihr herum und fragte: „Wann kommst du wieder nach Hause?"

Wieder hörte er, dass er warten müsse. Sein Gesicht wurde puterrot und er schrie: „Ich kann aber nicht warten!"

„Diesmal lohnt es sich aber zu warten", sagte seine Mama, während sie ihn umarmte.

„Oh!", rief Sam und zeigte auf ein Bild mit einem Mobile mit Papierflugzeugen.

„Können wir so ein Mobile kaufen?", fragte er.

„Oh je, dafür ist es nun zu spät. Das Baby kommt schon morgen nach Hause", sagte die Großmama. „Aber das macht nichts, wir haben ja viele andere Sachen", und sie zog eine Babyrassel aus einer Schachtel.

„Kann ich die Schachtel haben?", fragte Sam.

„Wofür?", fragte die Großmama.

„Nur zum Spielen!", antwortete Sam.

„Sei lieb", rief der Papa, als sie zum Auto eilten.

Sam stand am Fenster und sah zu, wie Mama und Papa davonfuhren.

„Ich kann aber nicht warten", murmelte er vor sich hin und sein Gesicht wurde immer röter.

Bald langweilte es Sam, am Fenster zu stehen, und er ging die Großeltern suchen. Er fand sie im Kinderzimmer.

„Während wir warten", sagte die Großmama, „machen wir das Zimmer zurecht. Wenn Babys noch klein sind, können sie nur im Bettchen liegen und brauchen etwas, das sie ansehen können."

Sam setzte sich und schlug eine Zeitschrift auf, in der viele Babysachen abgebildet waren.

Später sah Sam zu, wie Großpapa die Zimmerwände ringsum mit zwei langen, bunten Schmuckborten beklebte.

„Kann ich etwas Klebeband bekommen?", fragte Sam.

„Wofür?", fragte der Großpapa.

„Oh, nur zum Spielen", antwortete Sam.

Dann half Sam seiner Großmama eine große Tüte mit Babyspielzeug auszupacken. Er zog einen weichen, gestreiften Stofftiger heraus.

„Dein Lieblingsspielzeug, als du noch ein Baby warst", sagte die Großmama. „Jetzt fällt er auseinander – mal sehen, ob ich ihn wieder flicken kann."

Sie bat Sam, ihr den Nähkorb und ihre Brille zu holen.

Als Sam zurückkam, bat er um etwas Faden.

„Wofür?", fragte die Großmama.

„Das ist eine Überraschung", sagte Sam.

Dann nahm er Zeitschrift, Schachtel, Klebeband und Faden und eilte aus dem Kinderzimmer.

Etwas später, als Sams Großpapa gerade Tiere auf die Tür des Kinderzimmers malte, fragte er sich, was Sam wohl machte. Auf Zehenspitzen schlich er über den Flur und presste sein Ohr gegen Sams Tür. Als diese plötzlich aufging, bekam er einen ganz schönen Schreck!

„Ich wollte nur mal sehen, ob deine Tür auch angemalt werden muß", murmelte der Großpapa.

„Kann ich etwas Farbe bekommen?", fragte Sam.

Der Großvater gab Sam die Farbdose.

Den ganzen Nachmittag blieb Sam in seinem Zimmer. Nur einmal tauchte er auf, um etwas zu essen. Er hatte Klebeband im Haar, Farbe im Gesicht und Fäden am T-Shirt.

„Wie siehst du denn aus!", sagte Sams Großmama. „Was hast du gemacht?"

Sam grinste nur und antwortete: „Das ist eine große Überraschung."

Als es dunkel geworden war, klingelte das Telefon – die Großeltern stolperten übereinander, weil jeder als erster den Hörer abheben wollte. Sams Vater

rief an, um zu sagen, dass Sam ein Schwesterchen bekommen hatte und dass sie am nächsten Morgen nach Hause kommen würden.

Kaum hatte Sam gehört, dass er ein Schwesterchen bekommen hatte, hüpfte er herum und rief: „Ich kann es gar nicht erwarten!"

„Es dauert nicht mehr lange", sagte die Großmama, „jetzt ist es Zeit ins Bett zu gehen. Du musst doch müde sein!"

Sam zog seinen Schlafanzug an, putzte sich die Zähne und wusch sein schmutziges Gesicht. Als er im Bett lag, gaben ihm die Großeltern einen Gutenachtkuss und machten das Licht aus. Wenig später schlich Sam auf Zehenspitzen in das Kinderzimmer hinüber. Er hielt dabei etwas in den Händen. Kurze Zeit darauf kehrte er leise zurück.

Am nächsten Morgen stand Sam am Fenster und wartete auf Mama, Papa und seine kleine Schwester.

„Sie sind da, sie sind da!", rief Sam, als er das Auto sah, und er riss die Haustür auf. Als erster kam Papa herein. Er trug ein kleines Bündel auf dem Arm. Sam sah ein kleines rotes Gesicht mit fest geschlossenen Augen und zwei winzige, noch runzelige, rosa Händchen mit ganz, ganz winzigen Fingernägelchen. Er konnte gar nicht fassen, dass Babyhändchen so klein sein können.

„Sie macht ein ärgerliches Gesicht", sagte Sam, als er seine Schwester betrachtete.

„Sie sieht aus wie du, wenn du sagst, dass du nicht warten kannst", sagte sein Papa lachend.

„Bringst du sie hinauf?", fragte Sam. „Wir haben eine Überraschung für sie."

Alle gingen nach oben und Sam öffnete die Tür zum Kinderzimmer.

Sams Mama und Papa staunten über die bunten Borten an den Wänden, die mit Tieren bemalte Tür und das Babyspielzeug. Am mei-

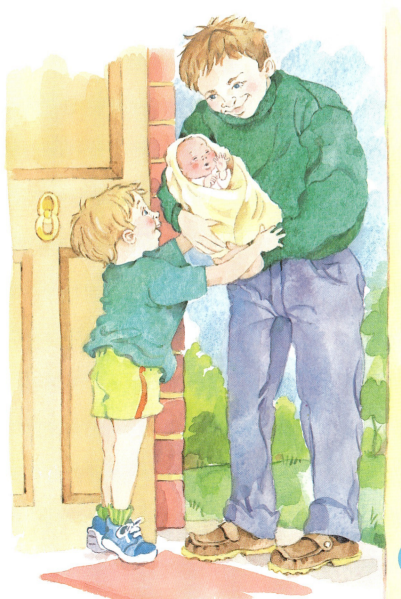

sten aber bewunderten sie ein großes Mobile, das neben dem Babybettchen hing.

„Damit warst du also den ganzen Tag beschäftigt", sagte der Großpapa. „Du hast ein Überraschungsgeschenk für dein Schwesterchen gebastelt!"

„Oh," sagte die Mama, „es sieht wunderschön aus, Sam. Vielen Dank."

„Daran musst du ja eine Ewigkeit gearbeitet haben!", sagte der Papa.

Inzwischen war das Baby fest eingeschlafen und Sams Mama legte es ins Bettchen.

„Nun, hat es sich gelohnt, auf sie zu warten?", fragte Sams Papa.

„Oh ja", antwortete Sam. „Kann ich sie auf den Arm nehmen?"

„Warte, bis sie aufwacht", sagte die Mama. Sam wurde rot.

„Willst du schreien…?", fragte der Papa, „…oder kommst du mit nach unten, um zu schauen, was wir dir mitgebracht haben?"

Sam folgte den Eltern nach unten. Dort stand ein großer Karton mit Farben auf dem Küchentisch.

„Oh!", rief Sam und hüpfte herum. „Jetzt kann ich viele Bilder für meine Schwester malen. Ich kann es gar nicht erwarten!"

Rätsel

Suchbild

Ein Junge spielt Fußball. Kannst du vier Unterschiede zwischen Bild a und Bild b erkennen?

Ganz nah dran!

Die Nahaufnahmen zeigen Kinder, die im Buch abgebildet sind. Kannst du sehen, was sie tun?

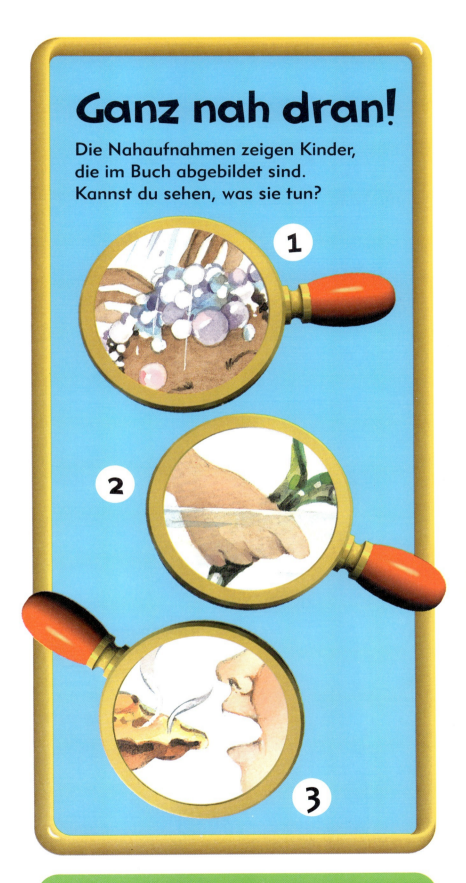

Antworten: Suchbild Auf Bild b: ein Knie ist gebeugt; ein Schuh fehlt; der Junge hat lockiges Haar und eine Brille. **Ganz nah dran!** 1 Haare waschen; 2 Tang berühren; 3 Pizza essen.

Register

Arm 5, 8, 9, 13
Atmen 10, 11
Augen 14, 25
Bein 4, 8, 9, 13
Ellbogen 5, 7, 13
Essen 10, 11, 20
Finger 4, 19
Fuß 4
Haar 5, 15, 23, 25
Hand 5, 19
Haut 4, 5, 6, 18, 22
Knie 5, 6, 7, 8, 13
Knochen 6, 7
Mund 10, 14, 20, 25
Muskeln 8, 9
Nase 10, 15, 18, 20, 21, 25
Ohren 15, 25
Schlafen 22, 23, 24
Waschen 22, 23
Zähne 15, 18, 22, 25
Zehen 5, 8, 18
Zunge 20, 25